Hervé Jégou o. p.

Prier Marie à la suite de l'Ange

NIHIL OBSTAT
Fr. Martin HILLAIRET o. p.
Fr. Bruno CARRA DE VAUX SAINT-CYR o. p.

IMPRIMI POTEST
Paris, 2 septembre 2013
Fr. Michel LACHENAUD o. p.,
prieur provincial

Éditions de la Licorne
46, rue de Molpas, 59710 Mérignies
www.editionsdelalicorne.com

2e édition, 2015
ISBN : 979-10-91594-06-6

Hervé Jégou o. p.

Prier Marie à la suite de l'Ange

Éditions de la Licorne

Prologue

Dieu sait qu'il en avait l'habitude…

Ce n'était pas sa première mission de confiance.

Mais cette fois-ci, il avait tout de suite senti que cette visite sur terre était exceptionnelle, que jamais plus une telle mission ne serait confiée à quelqu'un d'autre.

C'était une mission unique !

« Votre mission, si vous l'acceptez, lui avait dit Dieu, va changer la face du monde. Elle inaugure un nouveau monde, l'aurore du salut ».

À cette Parole la cours céleste avait retenu son souffle. Chacun avait compris que ce moment d'éternité était historique ! Le jour de gloire était arrivé. L'heure décisive.

Le déroulé de la mission était relativement simple : il fallait se rendre chez une jeune fille pour lui porter un message. Oui, mais quel message ! La cours céleste en était stupéfaite.

Dieu avait décidé d'envoyer le Verbe éternel dans le monde, pour le sauver.

Pour réaliser cette action d'éclat, il lui fallait trouver celle qui allait ouvrir son cœur à la Parole. Cette jeune fille qu'il devait rencontrer avait trouvé grâce aux yeux de Dieu, et c'est pour cela qu'elle allait concevoir et enfanter un fils qui serait le Grand Roi tant attendu par Israël.

« Vous avez des questions ? » lui avait dit Dieu.

– Oui Seigneur, avait-il répondu. Cette jeune fille me demandera sans doute comment tout cela est possible.

– Tu lui répondras, avait dit Dieu, que l'Esprit Saint – ici présent – viendra sur elle, et que c'est pourquoi l'enfant qui va naître sera appelé Fils du Très-Haut.

« Une autre question ? », lui avait dit Dieu.

– Oui Seigneur, avait-il répondu. Elle va sans doute avoir du mal à croire à ces paroles !

– C'est probable et c'est un peu normal, je te l'accorde, lui avait dit Dieu. Pour lui prouver qu'elle n'est pas en train de rêver tu lui diras que sa cousine attend elle aussi un enfant. Pourtant elle est stérile. Tu lui diras que rien n'est impossible à Dieu et qu'elle pourra aller vérifier tout cela sur place.

« Une autre question ? », lui avait dit Dieu.

Non, Seigneur ! J'y vais de ce pas et à tire d'ailes.

* * *

Allez, mon petit Gabriel, quand faut y aller, faut y aller !

Il avait mis sa plus belle tunique car cette jeune fille était sans doute une belle princesse. Un de ses collègues ne lui avait-il pas dit qu'elle serait un jour appelé « Reine des Anges ». Il valait mieux être présentable !

Il avait également bien lissé ses ailes, couleurs Arc en Ciel – les couleurs de l'Alliance –, des fois que Fra Angelico veuille immortaliser cette rencontre quelques siècles plus tard !

En traversant la voute céleste, il repassait dans sa tête l'intégralité du message pour être sûr de ne rien oublier. Et c'est alors qu'il fut saisi d'angoisse ! Par quels mots allait-il lui adresser la Parole ? Dieu ne lui avait laissé aucune consigne. Il lui faisait confiance pour les formules de politesse. Cela pouvait sans doute paraître secondaire à Dieu, mais l'air de rien il lui laissait la responsabilité des premières paroles d'une prière que le Peuple de Dieu allait, pendant des siècles, adresser à la Mère de Dieu.

Il en était là de son angoisse lorsqu'il se retrouva à l'entrée de la ville de Nazareth, en Galilée. Il crut un moment s'être trompé. Une erreur céleste de GPS ! C'était pourtant la bonne adresse, écrite sur son ordre de mission. Il s'attendait à se retrouver devant les belles portes d'un beau château, comme celui « des mille et une nuits », ou comme celui de la « Belle au bois dormant ». Mais rien de tout cela. C'était une petite maison, presque banale, sans étage, avec des roses trémières devant la fenêtre, une petite cour où un âne à la mine intelligente mâchonnait de la luzerne à l’ombre de quelques cyprès.

C'est alors qu'il l'aperçut à travers la fenêtre.

Ce n'était pas une princesse ! Elle était bien plus belle qu'une princesse. Plus belle que toutes ces princesses que l'on verrait parée des plus belles robes aux bras des plus beaux princes des grandes familles royales de l'histoire. Elle, elle était d'une beauté immaculée !

Alors, comme par enchantement, lui vinrent aux lèvres ces quelques mots :

« Réjouis-toi, comblée de grâce, le Seigneur est avec toi ».

Sous le signe de l'ange

Réjouis-toi !

C'est par une invitation à la joie que commence notre prière mariale. Certains, je le sais, préfèrent la formulation « Je vous salue, Marie », telle qu'elle a été retenue dans notre tradition latine. Pourtant, à regarder de prêt le texte de Luc, c'est bien par un appel à la joie que commence le dialogue entre l'ange Gabriel et la bienheureuse Vierge Marie.

Dans notre formation chrétienne cette prière fait partie des premiers mots de la foi que nous apprenons par cœur pour nous tourner vers Dieu par l'intercession de sa Mère. Elle nous inscrit aussi dans l'héritage que nous ont laissé, tout au long des siècles, des générations de chrétiens qui, avant nous, ont répété inlassablement dans la foi ces mêmes mots, confiants dans la douce intercession de Marie.

Si le « Notre Père » est la prière chrétienne par excellence, prière que Jésus lui-même a donné à ses disciples pour leur apprendre à prier (Mt 6,9-13 ; Lc 11, 2-4), l' « Ave Maria » est la prière que l'Église a composé pour le

Peuple de Dieu qui a reçu Marie pour Mère au pied de la croix (Jn 19,26-27). Grâce à ces mots nous entrons dans la joie spirituelle de celle qui a porté dans son sein le Sauveur du monde et qui s'est laissée guider toute sa vie, dans les jours heureux comme dans les jours sombres, par l'Esprit du Seigneur.

« Réjouis-toi !» Tels sont les mots de l'ange dans cette rencontre inouïe entre la terre et le ciel. Ouverture d'un dialogue entre cette jeune fille élue parmi tant d'autres au milieu du Peuple d'Israël et le message céleste. L'ange invite à la joie en cet instant du temps où se lève enfin l'aube de la Promesse, l'aube du Salut.

À travers cette parole de l'ange, Dieu en effet tient parole et Marie est la première à l'apprendre car c'est par elle que va se réaliser la Promesse. Le prophète Isaïe n'avait-il pas dit : « Voici que la jeune femme est enceinte, elle enfantera un fils, et on l'appellera Emmanuel, (c'est-à-dire : Dieu avec nous). De crème et de miel il se nourrira, et il saura rejeter le mal et choisir le bien » (Is 7,14b-15). Ce fils qui porte la couronne royale par son origine divine mais aussi par son origine humaine : « Un rameau sortira de la souche de Jessé, père de David, un rejeton jaillira de ses racines. Sur lui reposera l'esprit du Seigneur : esprit de sagesse et de discernement, esprit de conseil et de force, esprit de connaissance et de crainte du Seigneur, qui lui inspirera la crainte du Seigneur » (Is 11,1-2).

Cette naissance merveilleusement annoncée par le prophète, pourquoi Dieu a-t-il choisi de la transmettre à Marie par l'intermédiaire d'un ange ? Après tout, un prophète aurait pu faire légitimement l'affaire ! N'est-ce pas ainsi que Dieu a toujours procédé dans l'histoire d'Israël ! Le vieux Syméon ou la prophétesse Anne, qui attendaient « la consolation d'Israël » (Lc 2,25), auraient très bien pu tenir ce rôle !

Ce serait oublier le caractère unique de cette annonce. Ce message ne peut être assimilé à aucun autre message de Dieu à son peuple à travers les siècles. Ce message est LE message par excellence. Voilà pourquoi le début de l'Évangile de Luc donne la part belle aux anges, au point de faire résonner leur chant dans la nuit étoilée de Bethléem. Pour annoncer le mystère de l'Incarnation du Fils éternel du Père, il fallait requérir la créature la plus proche de Dieu. La tradition chrétienne dit même que Gabriel est un archange, autrement dit qu'il fait partie du plus haut degré parmi les créatures angéliques.

Arrêtons-nous sur ce nom, Gabriel. Il signifie « force de Dieu ». Dans son commentaire sur l'évangile de Luc, saint Grégoire explique le choix de cet archange pour cette mission : « C'est par la force de Dieu que devait être annoncé celui qui, Seigneur de l'univers et puissant dans le combat, venait pour vaincre les puissances mauvaises répandues dans l'air » (II, 34. PL 76, 1251).

« Réjouis-toi !» Entre deux bruissements d'ailes et dans cette salutation va se sceller entre Dieu et cette femme si jeune encore un destin à nul autre pareil. Beaucoup de questions surgiront alors dans l'intelligence de Marie, mais l'ange saura apaiser son cœur : « Sois sans crainte ». Plus tard, un matin de Pâques, comme en écho, Jésus dira à ses disciples : « N'ayez pas peur ».

Apaiser nos peurs pour nous inviter à la joie, tel est le projet de Dieu pour notre humanité. Marie nous précède sur ce chemin.

À chaque fois que nous reprenons dans notre prière la salutation de l'ange, nous entrons dans le mystère de la joie de Dieu.

C'est un ange et non un prophète qui vient à la rencontre de Marie dans le village de Nazareth. Mais Gabriel s'inscrit pourtant dans l'héritage et dans la lignée des prophètes qui ont annoncés, de manière voilée, cette grande joie, cette grande allégresse qui règnerait un jour au milieu d'Israël.

Il reprend à son compte les mots du prophète Sophronie : « Pousse des cris de joie, fille de Sion ! une clameur d'allégresse, Israël ! Réjouis-toi, triomphe de tout ton cœur, fille de Jérusalem ! Le Seigneur ton Dieu est au milieu de toi, héros sauveur ! » (So 3,14.17). Dans cet oracle Sophonie annonçait l'avènement du Seigneur au milieu de son peuple. En reprenant ce « réjouis-toi » pour la saluer l'ange signifie que Marie est par excellence la fille de Sion, la fille de Jérusalem. En elle s'accomplit véritablement la promesse de voir Dieu au milieu de son peuple puisqu'il va, par la force de l'Esprit, prendre corps en elle.

Ainsi s'accomplit également la prophétie de Zacharie : « Chante, réjouis-toi, fille de Sion, car voici que je viens pour demeurer au milieu de toi, oracle du Seigneur ! » (Za 2,14). Au jour de l'Annonciation Marie devient la « demeure de Dieu parmi les hommes ». Affirmation inouïe au regard de l'histoire d'Israël. Ce même Dieu qui a demeuré sous la Tente dans le désert pendant les longues années de l'exode, qui a demeuré dans le Temple de Jérusalem construit par le roi Salomon qui pensait que ce lieu était « une demeure princière, une résidence où tu habites à jamais » (2 Chr. 6,2), voici qu'il vient demeurer dans le corps de la Vierge. Oui « réjouis-toi, Marie », le mystère qui se réalise en toi dépasse toutes les attentes des hommes. Le Verbe de Dieu se fait chair en toi.

En guise de conclusion sur ce point, rappelons les mots du bienheureux Jean-Paul II dans une catéchèse du mercredi : « Le récit de l'Annonciation nous permet de reconnaître en Marie la nouvelle « fille de Sion », invitée par Dieu à une grande joie. Il exprime son rôle extraordinaire de Mère du Messie, ou mieux, de Mère du Fils de Dieu. La vierge accueille le message au nom du peuple de David, mais nous pouvons dire qu'elle l'accueille au nom de l'humanité tout entière… Dans le dessein divin, l'annonce qui lui est adressée vise au salut universel »[1]

[1]Jean-Paul II, catéchèse du 1er mai 1996 : La nouvelle « fille de Sion », in *Marie dans le mystère du Christ et de l'Eglise*, Parole et Silence, 1988, p.68.

Marie

La lecture du texte de l'Évangile de Luc nous réserve une surprise. L'ange Gabriel ne prononce pas le prénom de Marie comme on pourrait s'y attendre.

C'est l'évangéliste lui-même qui, dans l'ouverture de son récit, nous présente en deux versets les lieux et les protagonistes de cette histoire :

« Le sixième mois, l'ange Gabriel fut envoyé par Dieu dans une ville de Galilée, du nom de Nazareth, à une vierge fiancée à un homme du nom de Joseph, de la maison de David ; et le nom de la vierge était MARIE »[1].

Ces deux versets peuvent sembler anodins et n'être là que pour introduire le récit de l'Annonciation. Mais pour celui qui connait le livre du Deutéronome – et Luc devait être de ceux-là – ils sont au contraire plein de sens

---

[1]Lc. 1,26-27

pour dire la situation délicate que Dieu prenait le risque de faire vivre à cette jeune fille. Celle-ci va en effet se retrouver enceinte à la suite de cette rencontre avec l'ange.

Et que dit le livre du Deutéronome ? « Si une jeune fille vierge est fiancée à un homme, et qu'un autre homme la rencontre dans la ville et couche avec elle, vous les amènerez tous les deux à la porte de cette ville, vous les lapiderez et ils mourront ; la jeune fille, du fait qu'étant dans la ville, elle n'a pas crié au secours ; et l'homme, du fait qu'il a possédé la femme de son prochain [2]».

Ce rappel de la Loi laisse entrevoir la force et le courage qu'il faut à celle qui a été choisie par Dieu pour pouvoir dire : « Je suis la servante du Seigneur ». Car les apparences pourraient se retourner contre elle. Elle court en effet le risque d'être lapidée : elle n'a pas crié au secours mais elle a fait confiance à la parole de l'ange : « Sois sans crainte ». Le surgissement de Dieu dans l'histoire des hommes révèle que les apparences sont parfois

[2]Dt. 22,23-24

trompeuses et qu'il faut apprendre à lire les signes qu'il nous donne[3].

Luc ne nous dit rien des circonstances de cette rencontre et nous laisse imaginer la situation concrète dans laquelle se trouvait Marie au moment de sa rencontre avec l'ange. Toute l'histoire de la peinture ne fait que reprendre le face à face et le dialogue originel. Mais où était-elle ? Que faisait-elle ? Certains l'imaginent filant la laine, les yeux scrutant les hauteurs des collines de Nazareth. D'autres l'imaginent avec un balai, nettoyant l'intérieur ou les abords de sa maison. Pour d'autres encore, elle s'en vient du puits d'eau fraiche creusé au milieu du village. D'autres enfin l'imaginent en prière…

Où était-elle ? Que faisait-elle ? Nous ne le saurons jamais ! Une seule chose est certaine : elle était dans une disposition du cœur qui allait faire d'elle la mère du Sauveur.

---

[3]Nous sommes ici redevable au frère Philippe Lefebvre dans sa connaissance biblique et dans son agilité à rapprocher des textes pour leur donner toute leur profondeur.

Nous ne saurons jamais non plus pourquoi l'ange n'appelle pas Marie par son prénom. C'est l'Église qui l'a rajouté dans sa prière car comment s'adresser à elle sans prononcer ce prénom si doux : Marie.

Ce prénom est relativement commun dans la tradition biblique. Rappelons toute l'importance du choix du prénom que l'on donne à un enfant, mais plus encore peut-être dans cette culture sémite. Par exemple, le choix du prénom de l'enfant que porte Elisabeth va faire l'objet d'une polémique. En toute logique il aurait dû s'appeler Zacharie (« Dieu se souvient ») comme son père, mais sur l'ordre de l'ange il s'appellera Jean (« Dieu fait grâce »).

Alors, que signifie le prénom « Marie » ? En fait, il peut avoir plusieurs sens. Pour les uns il veut dire « souveraine », « princesse », pour d'autres « la voyante », « celle qui fait voir », pour d'autres enfin « l'aimée de Dieu ». Une évidence s'impose : nous n'avons pas à choisir parmi tous ces sens. Il nous faut les garder tous, car tous traduisent une facette du mystère de la Vierge.

Comblée de grâce

Nous avons remarqué que l'ange n'appelle pas la Vierge par son prénom : Marie. Il préfère la désigner d'une autre manière : « pleine de grâce » ou encore « comblée de grâce ». Pour l'ange ce terme « pleine de grâce » remplace le nom de « Marie » comme s'il était le nom propre de Marie aux yeux de Dieu[1]. Ce choix est une véritable révélation. Car Marie, jusque là, n'a aucun statut social particulier. Elle n'appartient pas à une grande famille de la société juive, elle vit dans ce village reculé de Nazareth, loin de Jérusalem ! Mais c'est pourtant elle que Dieu va choisir pour réaliser son œuvre. Cette expression « pleine de grâce » désigne ainsi Marie dans sa relation à Dieu au moment où l'ange surgit dans sa vie. Avant même que l'Esprit Saint ne

---

[1] « La Vierge de Nazareth est saluée par l'ange de l'Annonciation, qui parle sur l'ordre de Dieu, comme « pleine de grâce ». In *Lumen Gentium*, n° 56.

vienne sur elle, Marie est déjà dans un état de grâce particulier.

« Réjouis-toi, comblée de grâce », dit Sophrone de Jérusalem. « Que peut-il y avoir de supérieur à cette joie, ô Vierge Marie ? Que peut-il y avoir au-dessus de cette grâce que tu es la seule à avoir reçue en partage, de la part de Dieu ? Que peut-on concevoir de plus joyeux et de plus lumineux ? Tout demeure loin derrière tes merveilles, tout se trouve au-dessous de ta grâce. Les privilèges les plus certains n'ont que le second rang et ne possèdent qu'un éclat bien moindre »[2].

La grâce d'avant la grâce. Mais quelle est donc cette grâce ?

Il n'est pas si facile de répondre à cette question ! La tradition des Pères de l'Église va évidemment se pencher sur ce mystère. Sans définir encore théologiquement ce qu'ils affirment, ils vont prendre l'habitude d'appeler Marie « la Toute Sainte »[3]. Si Marie a été choisie pour porter dans son corps le Fils

[2]Homélie pour l'Annonciation, in *Le Livre des Jours*, 1976, p.1744.
[3]Lumen Gentium, n° 56.

éternel du Père, il faut lui reconnaître une pureté particulière. Les Pères et les théologiens vont affirmer alors que Marie n'a pas commis de péché personnel en raison d'une grâce particulière. Pour les uns cette grâce est donnée avant l'Incarnation, pour les autres au moment de l'Incarnation.

Arrêtons-nous sur deux témoins de cette tradition. Le premier est saint Augustin. Il revendique haut et fort la pureté de celle qui est la Mère du Sauveur. Dans sa controverse avec Pélage, il réaffirme la sainteté de Marie en lien avec une grâce particulière : « Exception faite pour la Sainte Vierge Marie, elle dont, pour l'honneur du Seigneur, je ne veux en aucune façon que l'on parle lorsqu'il s'agit de péchés : ne savons donc nous pas pourquoi une grâce plus grande lui a été conférée dans le but de vaincre le péché, elle qui a mérité de concevoir et mettre au monde Celui qui de façon manifeste ne pécha jamais ? »[4]. Le docteur angélique, c'est-à-dire saint Thomas d'Aquin, reprendra à son compte la tradition en disant qu'il « est raisonnable de

---

[4]De natura et gratia, n° 42.

croire que la Bienheureuse Vierge fut sanctifiée avant de naître »[5].

La réflexion théologique aurait pu se satisfaire de ce positionnement expliquant cette grâce particulière reçue par la Mère du Sauveur. Mais d'autres théologiens vont vouloir aller plus loin encore dans cette grâce mariale. Dire que Marie avait été préservée avant sa naissance ne voulait pas pour autant dire qu'elle n'était pas marquée comme toutes les autres créatures par le péché originel.

Un courant théologique va militer dans ce sens avec comme grande figure théologique Duns Scot, relayé par l'école franciscaine. Pour eux la Mère du Christ devait être entièrement pure dès l'origine de sa vie, c'est-à-dire préservée du péché originel.

Ce courant va connaître son apogée au XIXème siècle sous forme de pétitions envoyées à Rome pour réclamer une définition dogmatique de l'Immaculée Conception. Après avoir demandé leur avis aux théologiens et avoir consulté les évêques, le pape Pie IX va proclamer le dogme en 1854.

---

[5] *Somme théologique*, IIIa, q. 27, art.1

Voici le texte de la Bulle *Ineffabilis* : « Pour l'honneur de la sainte et indivisible Trinité, pour l'honneur et la gloire de la Vierge Marie Mère de Dieu, pour l'exaltation de la foi catholique et l'accroissement de la religion chrétienne, par l'autorité de notre Seigneur Jésus Christ, des Bienheureux Pierre et Paul, et la nôtre, nous déclarons, prononçons et définissons que la doctrine, qui tient que la bienheureuse Vierge Marie a été, dans le premier instant de sa conception, par une grâce et une faveur singulières du Dieu Tout-Puissant, en vue des mérites de Jésus-Christ, Sauveur du genre humain, préservée intacte de toute souillure du péché originel, est une doctrine révélée de Dieu, et qu'ainsi elle doit être crue fermement et constamment par tous les fidèles ».

Cette grâce particulière consiste donc à avoir été préservée du péché originel. L'affirmation dogmatique est hardie. Elle affirme que Marie, dès sa conception, a été préservée du péché originel par une grâce et une faveur particulière. Cela veut donc dire qu'avant même la Rédemption du Christ elle bénéficie d'une grâce particulière en lien avec l'offrande de son fils pour le salut du monde.

Pour être complet il faut dire que cette grâce va être le réceptacle d'une autre grâce. Après l'avoir saluée, l'Ange annonce à Marie que l'Esprit Saint doit venir sur elle pour la saisir de la puissance de Dieu. Car cette grâce n'est pas pour elle seule, elle est la condition et l'instrument de l'incarnation du Fils de Dieu pour le salut du monde. Cette maternité selon la chair va alors se conjuguer avec une maternité spirituelle. « La Bienheureuse Vierge Marie a obtenue une plénitude de grâce assez grande, dit saint Thomas, pour être la plus proche possible de l'auteur de la grâce, au point de recevoir en elle celui qui est plein de toute grâce ; et en l'enfantant elle a pour ainsi dire fait découler la grâce vers tous »[6] . C'est tout le sens de la prière mariale qui demande à la mère d'intercéder auprès de son fils pour qu'aujourd'hui encore cette grâce soit renouvelée dans nos vies.

Dans un texte que la liturgie propose au jour de la fête du huit décembre, saint Anselme fait cette prière à Marie : « Par la plénitude de ta grâce ceux qui étaient dans le séjour des

---

[6]*Somme théologique*, IIIa, q. 27, art. 5.

morts se réjouissent de leur libération ; ceux qui habitent le ciel sont heureux de sa restauration. Oui, par le glorieux Fils de ta glorieuse virginité, tous les justes qui avaient décédé avant sa mort vivifiante exultent de l'écroulement de leur prison, et les anges se félicitent de voir rétablie leur cité à demi ruinée.

O femme pleine de grâce, comblée de grâce, dont la plénitude débordante fait reverdir toute la création ! O Vierge bénie, et plus que bénie : par sa bénédiction est béni tout ce qui existe, non seulement la créature par le Créateur, mais aussi le Créateur par la créature ! »[7]

---

[7]Prière de saint Anselme à Marie, in *la Liturgie des heures*, p.1665.

Le Seigneur est avec toi

C’est le dernier emprunt de notre prière mariale à la salutation de l’ange : « Le Seigneur est avec toi ». Une expression à la fois familière et énigmatique.

Familière car cette expression fait partie de notre pratique de croyant. C’est la salutation du début de la liturgie eucharistique : « Le Seigneur soit avec vous », lancée par le prêtre à l’assemblée qui lui répond par la formule : « et avec votre esprit ». Un dialogue qui constitue l’assemblée et qui s’assure de la communion fraternelle entre ses membres en même temps que la présence du Seigneur : « si deux ou trois sont réunis en mon nom, je suis là au milieu d’eux ».

Une formule qui peut être comprise comme un code pour s’assurer que nous sommes sur « la même longueur d’onde », que nous parlons de la même chose, que nous partageons la même foi. Car ce « être avec » est bien la relation qui nous unit à Dieu dans la foi. Dans le langage familier « être avec quelqu'un » signifie que nous partageons notre vie de manière privilégiée avec une personne dans une certaine exclusive. Ce « être avec » manifeste à la fois le désir de Dieu de nouer avec chaque homme une relation particulière et la réponse du croyant qui s'engage à vivre sur un chemin de foi « avec » son Seigneur. C'est ainsi que Dieu, par exemple, dans le récit du buisson ardent, rassure Moïse qui craint de ne pas être à la hauteur de sa mission : « Je suis avec toi »[1].

Lorsque l'ange dit à Marie : « le Seigneur est avec toi », c'est une manière de dire que Marie a été choisie par Dieu. Parmi toutes les autres femmes, Marie est « approchée » par Dieu pour mener à bien cette mission extraordinaire de porter et de donner la vie au Sauveur du monde.

Cette formule a nécessairement aussi des résonnances bibliques. De ce point de vue, l'apparition de l'ange Gabriel à Marie ne ressemble pas aux apparitions de ce type racontées dans l'Écriture sainte. Généralement lorsque l'ange parait, représentant la

---

[1]Ex. 3,12

manifestation de Dieu, l'homme ou la femme bénéficiaire de cette apparition est pris d'une réaction de panique et se jette à terre.

Rappelons-nous Abraham au moment de l'apparition au chêne de Mambré ! Lorsqu'il vit les trois hommes qu'il reconnait être des anges « il courut de l'entrée de la tente à leur rencontre et se prosterna à terre »[2]. La même réaction se retrouve dans le livre des Juges dans la section sur la vie de Samson. Manoah et sa femme, parents de Samson, tombent la face contre terre lorsqu'ils comprennent qui est devant eux : « Comme la flamme montait de l'autel vers le ciel, l'Ange du Seigneur monta dans la flamme de l'autel sous les yeux de Manoah et de sa femme, et ils tombèrent la face contre terre… Manoah comprit alors que c'était l'ange du Seigneur… Nous allons certainement mourir, dit Manoah à sa femme, car nous avons vu Dieu »[3]. Même réaction encore chez les femmes qui découvrent le tombeau vide après la Résurrection et la présence de deux anges en habit de lumière :

---

[2]Gn. 18,2
[3]Jg. 13,20-22

« saisies d'effroi, elles tenaient leur visage incliné vers le sol »[4].

Lorsque l'ange parait dans la Bible, c'est toujours la puissance de Dieu qui se manifeste et qui saisit l'homme d'effroi. Alors il se met à genoux, il se prosterne, il se cache le visage par peur de voir la sainteté de Dieu.

Dans le récit de l'Annonciation, rien de tel. Généralement même, les peintres ont représenté l'ange Gabriel à genoux devant Marie en signe de révérence, comme si sa proximité avec Dieu la plaçait déjà au dessus des anges. Marie, si proche de Dieu, n'a aucune crainte en la présence de Dieu. Non, celle qui est « pleine de grâce » n'a pas de crainte, n'a pas peur de mourir devant la manifestation de son Seigneur car son cœur est rempli de la paix de l'Esprit.

« Le Seigneur est avec toi ». Allons encore plus loin dans notre recherche biblique : quel est le sens de cette formule qui n'est pas, au départ, liturgique ?

Cette expression peut être utilisée comme un banal bonjour. Dans le livre de Ruth c'est

---

[4]Lc. 24,5

ainsi que Booz salue les moissonneurs sur la route de Bethléem: « Le Seigneur soit avec vous »[5]. Mais peut-être aussi que, par delà cette formule de politesse, la parole de l'ange veut faire un parallèle entre Ruth et Marie. Ruth la Moabite veut suivre sa belle mère Noémi de retour parmi son peuple après la mort de son mari et de ses deux fils car « elle avait appris… que Dieu avait visité son peuple pour lui donner du pain »[6]. C'est ainsi que toutes deux arrivent « à Bethléem au début de la moisson des orges »[7]. Les harmoniques entre ce passage et le récit de l'Annonciation sont nombreuses : Dieu visite son peuple, il lui donne du pain, et tout ceci à Bethléem au temps de la moisson. À l'heure du salut, Jésus est le pain vivant descendu du ciel. Et que dire des paroles de Ruth à Booz pour le remercier de son accueil et de sa protection : « Comment ai-je trouvé grâce à tes yeux pour que tu t'intéresses à moi ? »[8] Ces paroles pourraient

---

[5]Ruth 2,4
[6]Ruth 1,6
[7]Ruth 1,22
[8]Ruth 2,10

être celles de Marie devant le Dieu qui l'a choisi !

Cette expression peut avoir un autre sens comme dans le livre des Juges lorsque l'Ange salue Gédéon : « Le Seigneur est avec toi, vaillant guerrier »[9]. Une salutation comme un envoi en mission ou comme une bénédiction avant un départ pour un combat. Cela peut être également une formule d'appel à la protection divine comme dans la rencontre entre Jonathan et David : « S'il paraît bon à mon père d'amener le malheur sur toi, je t'en informerai, je te laisserai partir et tu t'en iras sain et sauf. Que le Seigneur soit avec toi comme il fut avec mon père ![10]

Il s'agit bien de cela au jour de l'Annonciation ! Par le message de l'Ange, Marie reçoit une mission : devenir la mère du Sauveur du monde. Dans ce texte de Luc peut-être faut-il entendre aussi comme en écho ce que dit le Seigneur à Gédéon : « Va avec la force qui t'anime et tu sauveras Israël »[11]. Il

---

[9]Jg. 6,12
[10]1 Sam. 20,13
[11]Jg. 6,14

faudra en effet beaucoup de force, la force de l'Esprit, pour que Marie, jeune fille si frêle, aille jusqu'au bout de son destin, de son fabuleux destin. Un destin, un combat qui passera par le chemin du Golgotha et la mort d'un fils qu'elle accueillera sur ses genoux.

Dans une belle homélie ancienne pour le Samedi Saint, un auteur met cette même formule dans la bouche d'Adam lorsqu'il voit le Christ s'approcher de lui dans le séjour des morts : « Le Seigneur s'est avancé vers eux, muni de la croix, l'arme de sa victoire. Lorsqu'il le vit, Adam, le premier homme, se frappant la poitrine dans sa stupeur, s'écria vers tous les autres : « Mon Seigneur avec nous tous ! ». Et le Christ répondit à Adam ; « Et avec ton esprit. » Il le prend par la main et le relève en disant : « Éveille-toi, ô toi qui dort, relève-toi d'entre les morts, et le Christ t'illuminera ». Une formule dans la bouche d'Adam comme un cri de ralliement pour tous ceux qui veulent être sauvés par le Christ.

Il n'est donc pas étrange de trouver cette formule pour désigner Marie, la première des sauvés, elle qui, dans le mystère de son Assomption et de son Couronnement, siège auprès de son Fils, le Sauveur du monde.

Laissons une nouvelle fois la parole à Sophrone de Jérusalem dans son homélie pour l'Annonciation : « Le Seigneur est avec toi. Qui oserait rivaliser avec toi sur ce point ? Dieu naît de toi. Qui donc ne te cèderait la place aussitôt pour te laisser avec joie la primauté et l'excellence ? Aussi, lorsque je contemple ta supériorité sur toutes les créatures, je proclame hautement tes louanges : Réjouis-toi, comblée de grâce, le Seigneur est avec toi ».

Sous le signe d'Elisabeth

HERVÉ JÉGOU

Tu es bénie entre toutes les femmes

Notre prière mariale emprunte maintenant ses mots au récit de la Visitation dans l'Évangile de Luc (1,39-45).

Après son dialogue avec l'ange qui lui annonce l'incarnation du Verbe de Dieu en elle, ainsi que la grossesse d'Elisabeth, sa parente, Marie part « en hâte » chez celle-ci. C'est cette même expression « en hâte » que Luc utilisera quelques versets plus loin pour caractériser la course des bergers dans la nuit de Noël.

Pourquoi Marie se rend-elle chez sa parente ? Pour voir si l'ange a dit vrai ? Certains disent qu'il n'est pas possible que Marie ait eu le moindre doute sur le message de l'ange ! Mais peut-être a-t-elle pourtant besoin d'être rassurée sur tout ce qui vient de se passer, elle si jeune face à son destin ! D'autres préfèrent voir dans cette visite le désir de service dans le cœur de Marie, elle qui vient de professer solennellement devant l'ange : « Je suis la servante du Seigneur ». D'autres encore voient dans cette course à travers la montagne de Judas, la joie messianique qui enflamme le cœur de Marie. Ne choisissons pas entre l'une ou l'autre interprétation. Alors que le Verbe de Dieu grandit en son sein, Marie ne s'appartient plus à elle-même, elle est désormais toute donnée.

Peut-être est-ce aussi, tout simplement, l'irrésistible désir de partager l'expérience qu'elle est en train de vivre dans sa virginité avec celle qui était stérile. Une rencontre entre deux femmes enceintes, entre deux confidentes complices, entre deux amies de Dieu, qui vise à se révéler l'une à l'autre le mystère de la vie qui croît en chacune d'elle. Le mystère d'une maternité qui est impossible pour l'une comme pour l'autre sans l'intervention de Dieu, mais surtout le mystère de l'amour de Dieu pour son peuple.

« Tu es bénie entre toutes les femmes ». C'est un cri ! C'est un chant ! Salutation d'Elisabeth à la Vierge dans le feu de l'Esprit à la suite du tressaillement de son enfant en son sein. C'est le cri qu'adresse l'humanité toute entière par la voix d'Elisabeth à la femme qui porte le sauveur du monde. Enfin s'achève l'attente messianique lorsque cette femme paraît, demeure de Dieu parmi les hommes.

Ce cri d'Elisabeth est un écho à d'autres cris identiques dans l'histoire d'Israël. Ce sont les mots que l'on trouve dans le cantique de Déborah après la victoire sur le roi de Canaan : « Bénie entre les femmes soit Yaël, entre les femmes qui habitent les tentes, bénie soit-elle. » [1] Cette femme, mariée à Héber le Qénite, a participé activement à la victoire en tuant Sisera. Yaël préfigure Marie dont l'obéissance va permettre la victoire sur le mal tel qu'il sera mis en scène dans le livre de l'Apocalypse. Écoutons encore Déborah : « Elle a frappé Sisera, elle lui a brisé la tête, elle lui a percé et fracassé la tempe. Entre ses pieds il s'est écroulé, il est tombé, il s'est couché, à ses pieds il s'est écroulé, il est tombé » [2]. On dirait la femme dans le ciel écrasant la tête du serpent !

Au risque de scandaliser les âmes sensibles, poursuivons notre recherche biblique. Nous

---

[1]Jg. 5,24
[2]Jg. 5,26-27

trouvons en effet une formule identique dans le livre de Judith. Une autre femme combattante, Judith, va trancher la tête d'Holopherne et donner ainsi la victoire à Israël contre les Assyriens. Ozias dit alors à Judith : « Sois bénie, ma fille, par le Dieu Très-Haut, plus que toutes les femmes de la terre »[3].

En reprenant cette formule : « tu es bénie entre toutes les femmes », Elisabeth assimile Marie à ces deux figures combattantes dans l'histoire d'Israël. Mais ici le combat auquel Marie est associé est un combat spirituel contre toutes les forces de mort pour faire triompher la vie dans la Résurrection de celui qui a prit corps en elle.

L'ange saluait Marie en la situant comme créature par rapport à Dieu, « comblée de grâce ». Voici qu'Elisabeth situe Marie par rapport à l'humanité : « tu es bénie entre toutes les femmes».

Dans cette humanité, Marie occupe une place particulière. Une place bien plus importante encore que toutes les héroïnes d'Israël. Elle est la femme choisie par Dieu

---

[3] Jdt. 13,18

entre toutes les femmes. Alors reviennent en mémoire les paroles du *Cantique des Cantiques* : « Que tu es belle ma bien-aimée, que tu es belle ! (4,1)… Tu es toute belle, ma bien-aimée, et sans tâche aucune ! (4,7)... Elle est un jardin bien clos, ma sœur, ô fiancée ; un jardin bien clos, une source scellée. (4,12) …Unique est ma colombe, ma parfaite. Elle est l'unique de sa mère, la préférée de celle qui l'enfanta. Les jeunes femmes l'ont vue et glorifiée, reines et concubines l'ont célébrée ; « Qui est celle-ci qui surgit comme l'aurore, belle comme la lune, resplendissante comme le soleil ? » (6,9-10).

Lorsqu' Elisabeth salue Marie, elle actualise par ses mots le chant du Bien-Aimé du *Cantique des Cantiques* en la désignant d'une certaine manière comme la « Bien-Aimée du Seigneur ». Alors résonne aussi dans cette salutation les versets du psaume 45 : « Écoute, ma fille, regarde et tend l'oreille, oublie ton peuple et la maison de ton père, le roi sera séduit par ta beauté… Vêtue de brocarts, la fille de roi est amenée au-dedans vers le roi…

À la place de tes pères te viendront des fils ; tu en feras des princes par toute la terre »[4].

« Tu es bénie entre toutes les femmes ». Curieusement, et contrairement à Matthieu[5], Luc [6], dans sa généalogie, ne donne pas l'ascendance féminine de Jésus. Il ne cite que ses ancêtres masculins aussitôt après le baptême de Jésus qui est désigné comme « Fils » par la voix qui vient du ciel. Il pourra alors conclure sa généalogie en disant que Jésus est « Fils de Dieu ». D'aucun diront que cette « exclusivité » masculine traduit une mentalité patriarcale, voire machiste. Mais la salutation d'Elisabeth contrebalance ce jugement. Il est possible d'y voir l'insistance par Luc de la primauté de Marie sur toutes les femmes d'Israël. Il n'a pas besoin d'en citer d'autres. Elisabeth, au nom de toutes ces femmes de l'ancienne alliance, reconnait en Marie la place éminente de celle qui par son « oui » inaugure l'alliance nouvelle et éternelle qui sera scellée par son fils sur la croix.

---

[4]Ps. 45,11.13.17
[5]Mt. 1,2-16
[6]Lc. 3,23-38

« Tu es bénie entre toutes les femmes ». Marie, première femme de l'alliance nouvelle, porte la bénédiction perdue par la première femme lors de la création du monde. La tradition chrétienne fait en effet un parallèle entre Marie et Ève. Ève qui dans le paradis s'est laissée séduire par le serpent et a désobéi à la parole du Créateur : « Tu peux manger de tous les arbres du jardin. Mais de l'arbre de la connaissance du bien et du mal tu ne mangeras pas, car, le jour où tu en mangeras, tu mourras »[7]. A cette désobéissance d'Ève va répondre l'obéissance de Marie qui va permettre, par la naissance du Sauveur, l'ouverture à nouveau des portes du paradis. C'est pourquoi les litanies de Lorette la désignent comme « Marie Porte du Ciel ».

Marie, la nouvelle Ève. La rencontre de Marie avec l'ange vient remplacer la rencontre si fâcheuse entre Ève et le serpent au premier matin du monde. Pour saint Justin, la venue du Sauveur devait être liée à l'obéissance d'une femme puisque la faute originelle était liée à la désobéissance de la première : « Le Christ

---

[7]Gn. 2,16-17

devint homme par la Vierge pour que la désobéissance, qui tira son origine du serpent, trouve son dénouement par la même voie. Eve était vierge et pure, quand elle conçut la parole venue du serpent, pour enfanter désobéissance et mort. La Vierge Marie conçut joie et foi quand l'ange Gabriel lui annonça la bonne nouvelle que l'Esprit Saint viendrait sur elle et que la puissance du Très-Haut la couvrirait de son ombre »[8].

Oui, Marie est bénie entre toutes les femmes !

[8]Dialogue avec Tryphon

Jésus le fruit de tes entrailles

Cette formulation a de quoi heurter la sensibilité contemporaine. Notre époque ne parle certainement pas ainsi du corps de la femme dans ce qui lui est spécifique pour porter et donner la vie. Parler « d'entrailles » ne se fait que relativement aux animaux, et encore ! Bref ce vocabulaire jugé « archaïque » serait à dépasser. Certains préfèrent alors modifier la formule en employant le mot « sein » ou le mot « ventre » comme dans la formulation latine : « ventris tui ».

Mais n'allons pas trop vite en besogne ! Avant de penser à remplacer ce terme, il nous faut rechercher une nouvelle fois sa résonnance et sa richesse biblique. Nous allons voir, de ce point de vue, que ce terme n'est pas anodin !

Disons tout d'abord que c'est ainsi que l'on parle dans le monde biblique ancien. Le « fruit des entrailles » est la vie que porte dans son corps l'être vivant qui va connaître la maternité.

La formule employée par Elisabeth est-elle originale ? Pas tant que cela, si ce n'est par les circonstances dans lesquelles la cousine de Marie prononce ces mots. On les trouve en effet au livre du *Deutéronome* dans une liste de bénédictions en lien avec l'obéissance aux commandements de Dieu : « Si tu obéis vraiment à la voix du Seigneur ton Dieu, en gardant et pratiquant tous ces commandements que je te prescris aujourd'hui, le Seigneur ton Dieu t'élèvera au-dessus de toutes les nations de la terre. Toutes les bénédictions que voici t'adviendront et t'atteindront ; car tu auras obéis à la voix du Seigneur ton Dieu. Béni seras-tu à la ville et béni seras-tu à la campagne. Bénis seront le fruit de tes entrailles, le produit de ton sol, le fruit de ton bétail,... »[1]. Dans ces versets les bénédictions dont on parle concernent le peuple d'Israël. Elisabeth n'hésite pas à les attribuer à Marie, en reconnaissant par là son obéissance à la

[1]Dt. 28,1-4

parole de l'ange et à la mission qui lui a été confiée par Dieu. C'est aussi implicitement une manière de dire que Marie « est élevée au-dessus de toutes les créatures ».

Dans plusieurs passages de l'Évangile de Luc nous trouvons ce terme « entrailles ». C'est ce mot qu'emploie en effet une femme pour crier toute son admiration à Jésus : « Heureuses les entrailles qui t'ont porté et les seins que tu as sucés ! »[2]. C'est un peu enlevé comme formule : le langage biblique est un langage d'incarnation, éloigné des préciosités spirituelles. A cette femme Jésus répondra : « Heureux plutôt ceux qui écoutent la parole de Dieu et l'observent »[3].

Mais ce n'est pas le seul emploi de ce terme chez Luc. On le retrouve plusieurs fois également pour dire que quelqu'un est « pris de pitié », littéralement « est saisi aux entrailles ». C'est par exemple l'expression employée pour dire les sentiments du Père dans la parabole du fils prodigue[4], ou encore

---

[2]Lc. 11,27
[3]Lc. 11,28
[4]Lc. 15,20

ceux du Samaritain face à l'homme blessé[5]. C'est aussi ce même mot qu'emploie Zacharie dans le chant du *Benedictus* [6] : « par les entrailles de la miséricorde de notre Dieu ».

Ce terme « entrailles », pris dans sa signification symbolique, est donc à rapprocher de la notion de « miséricorde ». Chacun de nous a pu faire l'expérience d'avoir « mal au ventre » devant telle ou telle situation dramatique. En hébreu les deux mots ont d'ailleurs la même racine.

Dans notre prière, en désignant Jésus comme « le fruit des entrailles » de Marie on désigne son corps bien évidemment, mais donc aussi, d'une certaine manière, le « fruit de sa miséricorde ». En accueillant dans son sein celui qui vient sauver le monde elle devient porteuse de miséricorde et partie prenante de cette miséricorde. Par miséricorde pour toute l'humanité dont elle est solidaire, elle accepte d'être la mère de celui qui vient enlever le péché du monde. C'est cette miséricorde pour les pécheurs qui uni étroitement Marie à la

---

[5]Lc. 10,33
[6]Lc. 1,72

mission de son fils. Marie, Mère de Miséricorde.

Une dernière harmonique : ce terme « entrailles » peut aussi évoquer une symbolique messianique et royale. L'expression « fruit de tes entrailles » est en effet employée dans le psaume 132 : « Le Seigneur l'a juré à David, vérité dont jamais il ne s'écarte : « C'est le fruit sorti de tes entrailles que je mettrai sur le trône fait pour toi »[7]. En reprenant cette même expression, Elisabeth traduit le tressaillement de son propre enfant qui reconnaît l'identité de l'enfant que porte Marie. Elle lui donne le titre de « mère de mon Seigneur » en lien avec les paroles précédentes de l'ange qui désignait l'enfant en ces termes : « Le Seigneur Dieu lui donnera le trône de David, son père ; il règnera sur la maison de Jacob pour les siècles et son règne n'aura pas de fin »[8].

---

[7]Ps. 132,11
[8]Lc. 1,32-33

Jésus est béni

C'est à dessein que nous faisons apparaître par ce découpage, celui qui est au cœur de notre prière mariale. Jésus est blotti là, comme il était blotti dans le sein de sa mère. C'est ainsi qu'il est d'ailleurs représenté sur de nombreuses icônes dans la tradition orthodoxe.

Elisabeth, dans la grâce de sa maternité, prononce deux bénédictions. La première sur Marie, la seconde sur l'enfant qu'elle porte dans sa virginité. Deux bénédictions intimement liées l'une à l'autre, enracinées dans l'accomplissement du mystère de l'Incarnation. Elisabeth désigne Marie comme « bénie entre toutes les femmes », et aussitôt après elle désigne Jésus comme celui qui est « béni ». Mais nul besoin ici de distinguer par rapport à qui Jésus est béni. Cette bénédiction n'est relative à personne d'autre. Jésus est tout simplement béni « par Dieu ». Mieux encore : il est le béni « de Dieu ». Il serait d'ailleurs plus juste encore de dire avec saint Paul qu'il est « le Dieu béni au-dessus de tout pour les siècle des siècles »[1].

La bénédiction est un thème qui parcourt toute la Bible. Une bénédiction donnée par Dieu lui-même ou donnée par les pères à leurs fils. Cette bénédiction est la manifestation d'un lien particulier, privilégié, entre celui qui la donne et celui qui la reçoit. Abraham reçoit une promesse de bénédiction pour lui et sa descendance[2]. Jacob, dans le fameux passage du gué de Yabboq, réussit à obtenir de Dieu la bénédiction qu'il lui demande : « Je ne te lâcherai pas, que tu ne m'aies béni »[3]. Ce même Jacob qui avait trompé son père pour voler la bénédiction de son frère Esaü[4]. C'est dire si la bénédiction est chose importante !

En réponse à la bénédiction qui vient de Dieu, l'homme répond en le bénissant à son tour par des actions de grâces. C'est le cas par exemple, dans l'évangile de Luc, du cantique de Zacharie que l'on connait sous son nom

---

[1]Rom. 9,5
[2]Gen. 12,2-3
[3]Gen. 32,27
[4]Gen. 27

latin du *Benedictus*[5], ou dans le cantique de Syméon[6]; tous deux rendant grâces à Dieu pour la réalisation de la promesse.

C'est par cette même acclamation que la foule salue l'arrivée et l'entrée triomphale de Jésus à Jérusalem : « Béni soit celui qui vient, le Roi, au nom du Seigneur » [7]. Cette acclamation royale, dont la bénédiction d'Elisabeth est un lointain écho devant Marie – la fille de Sion –, ne peut pas mieux dire l'identité messianique de Jésus. Elle scandalisera d'ailleurs les Pharisiens présents aux portes de Jérusalem[8]. C'est cette même acclamation que chante l'Église dans chaque eucharistie au moment du *Sanctus*, c'est-à-dire lorsqu'elle célèbre le repas qui préfigure le banquet éternel de la Jérusalem céleste.

Le cœur de notre prière mariale nous oriente donc vers l'enfant Jésus, le béni. Une manière d'affirmer l'accomplissement de la promesse telle qu'elle était annoncée dans la

---

[5]Lc. 1,68-79
[6]Lc. 2,28-32
[7]Lc.19,38
[8]Lc. 19,39

prophétie du livre d'Isaïe : « C'est pourquoi le Seigneur lui-même vous donnera un signe : Voici, la jeune femme est enceinte, elle va enfanter un fils et elle lui donnera le nom d'Emmanuel »[9] (Is 7,14). C'est précisément ce que reprend l'Évangile de Matthieu dans l'annonciation à… Joseph : « Or tout ceci advint pour que s'accomplit cet oracle prophétique du Seigneur : « *Voici que la vierge concevra et enfantera un fils, et on l'appellera du nom d'Emmanuel*, ce qui se traduit *Dieu avec nous* »[10].

Jésus est le béni car il vient de Dieu, il est Dieu. Dans le songe de Joseph, l'ange désigne Jésus par ces mots : « ce qui a été engendré en elle (Marie) vient de l'Esprit-Saint ; elle enfantera un fils, et tu l'appelleras du nom de Jésus car c'est lui qui sauvera son peuple de ses péchés »[11].

Dans son Évangile, Luc développe un peu plus encore l'identité de cet enfant : « Voici que tu concevras dans ton sein et enfanteras un

---

[9]Is. 7,14
[10]Mt. 1,22-23
[11]Mt. 1,20-21

fils, et tu l'appellera du nom de Jésus. Il sera grand, et sera appelé Fils du Très-Haut. Le Seigneur Dieu lui donnera le trône de David, son père ; il règnera sur la maison de Jacob pour les siècles et son règne n'aura pas de fin… c'est pourquoi l'être saint qui naîtra sera appelé Fils de Dieu »[12] (Lc 1,31-34).

Nous avons tous en mémoire ces versets de Matthieu ou de Luc. Mais dans notre prière il faut sans cesse développer toute la richesse de cette promesse. C'est ici qu'il est possible, dans la méditation des mystères du Rosaire, d'intégrer une clausule. La clausule est une formule qui développe un aspect de la vie du Christ en lien avec le mystère médité. Elle prend place après le prénom de Jésus : « Jésus, […], le fruit de vos entrailles est béni. Voici quelques exemples : « Et Jésus, salué par Elisabeth… », « Et Jésus, qui couronne sa mère… », « Et Jésus, qui change l'eau en vin à Cana… » Certaines personnes sont totalement réfractaires à cette pratique, en disant que ce procédé complique les choses.

[12]Lc. 1,31-34

C'est pourtant une manière de ne pas oublier que le rosaire est une prière mariale avant tout christologique. Jésus est au cœur de chaque *Ave* et Marie nous le présente en même temps qu'elle nous dit : « Faites tout ce qu'il vous dira ». Les clausules nous rappellent que Marie n'a qu'un seul désir : nous conduire à son fils, nous conduire à Jésus, nous conduire au Verbe de Dieu.

Ces clausules sont là aussi pour enrichir notre prière et nous concentrer sur le mystère de la vie du Christ que nous méditons. Nous savons tous que, dans le temps que nous accordons à Dieu, notre esprit s'évade souvent. Les clausules nous aident à rester dans un élan de contemplation.

La prière du rosaire doit s'enraciner dans le texte de la Parole de Dieu. C'est à partir du texte biblique que nous devons contempler le mystère du Christ. Là encore les clausules sont importantes pour exprimer toute la richesse d'un texte que nous n'aurons jamais fini de méditer.

Entracte

La vierge au berceau

À quoi pense-t-elle
en se penchant si tendrement
vers l'enfant qu'elle vient de mettre au monde
et qui dort dans cette mangeoire,
pauvre berceau improvisé ?

C'est vrai, le voyage avait été long
depuis Nazareth jusqu'à Bethléem,
mais tout cela c'était déjà du passé,
c'était déjà oublié.

Dans la lumière douce du rocher
elle se souvient surtout de ce jour
– comment pourrait-elle l'oublier ! –
où elle avait entendu une voix
au fond de son cœur lui annonçant
cette si belle chose : elle, Marie de Nazareth,
choisie par Dieu pour donner au monde
le prince de la Paix.

REJOUIS TOI MARIE !

Elle n'avait pas tout de suite compris
comment tout cela pourrait être possible,
mais la voix l'avait rassurée :
c'est vrai, rien n'est impossible à Dieu.
Alors elle avait dit oui ;
comment faire autrement,
comment dire autre chose à cette voix si douce !

JE SUIS LA SERVANTE DU SEIGNEUR !

Elle se souvient aussi
de sa visite à Elisabeth,
de ce premier regard qu'elles avaient échangé
et dans lequel elles avaient compris,
l'une comme l'autre,
la profondeur du mystère du monde nouveau
qu'elles portaient l'une et l'autre
et qu'elles avaient mission de mener au jour !

TU ES BENIE ENTRE TOUTES LES FEMMES !

C'est peut-être là alors, et seulement à cet instant,
qu'elle avait enfin compris
le destin pour lequel elle avait été choisie.
Et au lieu d'être anéantie,
au lieu de sentir ses jambes vaciller,
au lieu de perdre souffle et de sentir son cœur s'arrêter,
elle s'était mise à chanter, oui, à chanter.

MON ÂME EXALTE LE SEIGNEUR !

En caressant la petite main de l'enfant
elle se disait qu'un jour il faudrait lui raconter tout cela.
C'est alors que la porte s'ouvre,
et qu'entrent des bergers aux yeux émerveillés.

Sous le signe de l'Église

Sainte Marie

Après avoir salué Marie en reprenant solennellement les paroles de l'ange Gabriel puis d'Elisabeth, notre prière mariale s'oriente vers une deuxième partie qui demande l'intercession de celle qui a reçu tant de grâces.

Deux titres tout d'abord la qualifient : « Sainte » et « Mère de Dieu ».

Comment douter en effet de la sainteté de Marie ? Nous avons signalé la tradition qui désigne Marie comme la « Toute Sainte ». Le Concile Vatican II a tenu a rappeler ce vocable ancien en le reliant au dogme plus récent de l'Immaculée Conception : « Il n'y a rien d'étonnant à ce que chez les saints Pères se soit imposé l'usage d'appeler la Mère de Dieu la Toute Sainte, indemne de toute tache du péché, modelé pour ainsi dire par l'Esprit Saint et formée comme nouvelle créature »[1].

Ce privilège d'avoir été préservée de tout péché fait sans nul doute de Marie une créature à part. Certains pourraient même se dire que le chemin de foi qui a été le sien est coloré par ce privilège et qu'elle n'aurait donc aucun mérite ! Est-ce si sûr ?

Pour bien le comprendre, portons notre regard et faisons un parallèle avec Jésus, lui qui est semblable aux hommes, excepté le péché. Les Évangiles nous le montre dans toute son humanité confronté quelquefois à des remises en causes comme avec la Cananéenne[2], ou quand il pleure devant la mort de son ami Lazare[3], quand il semble douter dans l' angoisse au jardin de Gethsémani[4]. Ces attitudes de Jésus nous

[1]*Lumen Gentium*, chap. 8, § 56.
[2]Mt. 15,21-28
[3]Jn. 11,35
[4]Lc. 22,39-46

montre qu'un chemin de foi, même pur de tout péché, n'est pas exempt de difficultés.

Il en va de même pour Marie. Nous avons déjà fait apparaître en pleine lumière que sa grossesse lui faisait courir des risques pour sa vie selon une interprétation rigoriste de la loi juive. Mais il n'y a pas que la loi qui la menace ! Aussitôt la naissance de l'enfant, il lui faut fuir en Égypte pour protéger l'enfant. Ensuite Marie va accompagner son fils sur les routes pendant sa vie publique. Cette pérégrination dans l'euphorie de foules faisant un triomphe à Jésus mais qui vont aussi tant de fois se détourner de lui. Certains jours elle va être la mère du Messie, mais certains autres elle va être la mère du blasphémateur. Puis elle va être la mère du condamné à mort, l'accompagnant jusqu'au bout au sommet du Golgotha, au pied de la croix avant d'accueillir son corps sans vie sur ses genoux de mère. C'est ce chemin de foi qui a été celui de Marie, dans sa vie de femme, dans sa vie de mère. Comme il a dû être difficile pour elle de redire certains jours : « je suis la servante du Seigneur » !

C'est ce chemin de sainteté qui est couronné dans le mystère de son Assomption. Élevée dans la gloire du ciel, dans son âme et son corps, elle siège à la droite de son fils. Désormais, comme le dit le Concile, « elle ouvre la marche »[5].

Cette sainteté de Marie en lien avec son chemin de foi fait d'elle « le type et le modèle le plus insigne dans la foi et la charité »[6] de l'Église. Marie est la figure de l'Église. Qu'est-ce que cela veut dire ? Nous avons l'habitude de voir dans l'ancien Testament des préfigurations de ce qui va être accompli en Jésus, le Christ. Le passage de la Mer Rouge est une préfiguration du baptême, la manne dans le désert est une préfiguration de l'eucharistie. C'est par exemple aussi ce qui se passe dans la synagogue de Nazareth[7], où Jésus, après avoir lu un extrait du prophète Isaïe déclare : « Aujourd'hui s'accomplit à vos oreilles ce passage de l'Écriture ». Une

[5]*Lumen Gentium*, chap. 8, § 63.
[6]*Lumen Gentium*, Chap. 8, § 53.
[7]Lc. 4,14-30

préfiguration est donc une réalité incomplète de ce qui sera un jour pleinement réalisé.

Lorsque nous parlons de « figure » c'est tout autre chose. La figure est une réalité pleinement réalisée. Lorsque le Concile définit Marie comme « type et modèle » de l'Église, il nous invite à reconnaître en elle la figure visible de la réalité spirituelle de l'Église. Comme Marie qui siège aujourd'hui dans la gloire, l'Église sera toute entière dans le Royaume. Comme Marie qui a accueilli la Parole et a vécu dans l'obéissance de la foi, l'Église est aujourd'hui sous l'autorité et porteuse de cette Parole. Comme Marie est mère, l'Église est appelé à être mère. C'est ce que dit le Concile : « En contemplant la mystérieuse sainteté de Marie et imitant sa charité, en accomplissant fidèlement la volonté du Père, l'Église devient mère elle aussi, en recevant dans la foi la Parole de Dieu : par la prédication en effet et par le baptême elle engendre à une vie nouvelle et immortelle des fils conçus du Saint-Esprit et nés de Dieu. Et elle aussi est vierge, car elle garde dans son intégrité et sa pureté la foi qu'elle a donnée à son Époux et, imitant la Mère de son Seigneur, elle conserve virginalement, dans la puissance de l'Esprit Saint, une foi entière, une espérance ferme, une charité sincère »[8]

[8] *Lumen gentium*, Chap. 8, § 64

Mère de Dieu

Après avoir invoqué Marie comme « Sainte », voici que nous l'invoquons comme « Mère de Dieu ». Vous pourrez lire et relire le nouveau Testament : vous ne trouverez nulle part ce titre de « Mère de Dieu » attribué à Marie. Elle est soit la « mère de Jésus », soit « la mère du Seigneur » comme le dit par exemple Elisabeth à la Visitation.

Ce titre est d'une grande portée théologique et n'est pas né au hasard. Pas plus qu'il n'a été imposé par la croyance populaire. Curieusement, ce n’est pas de la mariologie qu'il va venir mais de la christologie. En effet, lorsque les théologiens des premiers siècles vont essayer de comprendre comment Jésus peut être Fils de Dieu, une série d'hérésies vont voir le jour en raison du tâtonnement théologique. Il n'est pas toujours aisé, même pour les théologiens, d'entrer dans l'intelligence de la foi !

Une première hérésie fut l'adoptianisme. Pour ces théologiens, Jésus serait né comme n'importe quel être humain, c'est-à-dire conçu par un homme et une femme, et n'aurait été « adopté » que postérieurement par Dieu comme son propre Fils. Au sein de cette hérésie plusieurs versions ont cours. Pour les uns cette adoption se serait faite le jour du baptême de Jésus dans le Jourdain, lorsque la voix venant du ciel déclare : « Celui-ci est mon Fils bien-aimé ». Pour d'autres, ce serait lors de l'union de Marie avec un homme que la personne du Verbe se serait unie à la personne de Jésus.

Une autre hérésie va être plus répandue, au point que de grands évêques vont la propager. Il s'en est d'ailleurs fallu de peu qu'elle triomphe comme doctrine catholique. Cette doctrine est née à Alexandrie au début du IV° siècle sous la plume d'un prêtre, Arius. La difficulté pour Arius était d'affirmer que Jésus était vraiment Dieu. Impossible pour lui de penser que la personne du Fils soit engendrée du Père, mais bien créée, c'est-à-dire en aucun cas égal à Dieu. En 325 le concile de Nicée condamnera Arius et l'arianisme en proclamant que Jésus est consubstantiel au Père. C'est à la suite de ce concile que certains évêques vont commencer à parler de Marie comme « Mère de Dieu ». Parmi eux saint Athanase d'Alexandrie (+373), dénonciateur de la déviation de l'arianisme. Il écrit que le corps du Verbe a été fait « de Marie la Mère de Dieu ». Grégoire de Nazianze (+392) publiera cet anathème : « Si quelqu'un ne reconnaît pas Marie pour Mère de Dieu, il est séparé de la divinité ».

Mais ce n'est pas parce que certains évêques vont prendre l'habitude de déclarer Marie « Mère de Dieu » en lien avec le concile de Nicée que ce titre va être reçu par toute l'Église. Au début du Vème siècle, les esprits vont recommencer à s'échauffer et à le mettre en cause. Ainsi Théodore de Mopsueste qui va dire : « celui qui est consubstantiel au Père n'a point de mère ». La question va être maintenant de comprendre comment Jésus peut être vrai Dieu et vrai homme dans l'union de ces deux natures en une seule personne sans que l'une engloutisse l'autre ou sans que l'une ignore l'autre.

Ce sera l'hérésie de Nestorius (+450), prêtre d'Antioche, qui sera même en 428 patriarche de Constantinople. Pour lui, il y a deux personnes en Jésus : le Verbe de Dieu d'un côté, et la personne humaine du Christ de l'autre. Et ce qui arrive à une de ces personnes n'arrive pas à l'autre. Pour lui le Christ est né, a souffert et est mort. Mais en aucun cas on ne peut en dire autant du Verbe. C'est pourquoi Nestorius refusera de donner à Marie le titre de « Mère de Dieu » : « Marie, dit-il, n'est pas Mère du Verbe qui est Dieu mais mère du Christ-homme. On l'appellera donc simplement *christotokos,* « mère du Christ. »

C'est alors que va se lever Cyrille d'Alexandrie (+444), chantre de la maternité divine de Marie. Un homme de caractère qui va mettre tout son poids dans la controverse au point d'écrire plusieurs lettres pour réfuter la thèse de Nestorius. Il va écrire notamment une lettre à tous les moines d'Égypte dans laquelle il dit : « Je trouve très surprenant qu'il y ait des gens pour se demander vraiment si la Sainte Vierge doit être appelée Mère de Dieu. Car si notre Seigneur Jésus est Dieu, comment la Vierge qui l'a engendré ne serait-elle pas la

Mère de Dieu ? ». Même si Cyrille ne nomme pas Nestorius les destinataires de ce courrier théologique vont comprendre qui se cache sous ces « gens » que dénonce le rédacteur. Après s'être référé à Athanase, Cyrille conclut : « On doit donc confesser que l'Emmanuel est constitué de deux éléments : la divinité et l'humanité. Cependant, il y a un seul Seigneur, Jésus Christ, un seul vrai Fils, qui est tout ensemble Dieu et homme; non pas un homme divinisé, comme ceux qui le sont par la grâce, mais vrai Dieu qui s'est manifesté dans la forme humaine pour notre salut »[1].

Ces éclaircissements conduiront le Concile d'Éphèse en 431 à proclamer, dans la droite ligne de Cyrille : « Nous disons que, sorti du sein maternel uni à la chair, le Verbe a accepté une naissance charnelle, parce qu'il revendique cette naissance charnelle comme la sienne propre … Ainsi les Saints Pères n'hésitèrent pas à appeler le Sainte Vierge : la Mère de Dieu ».

---

[1]Lettre de Cyrille d'Alexandrie. LJ pp.1464-1465

En 433, à la suite de ce concile, un autre texte viendra compléter le texte conciliaire : « Nous confessons donc notre Seigneur Jésus-Christ, Fils unique de Dieu, Dieu parfait et homme parfait, composé d'une âme raisonnable et d'un corps, engendré du Père avant les siècles selon la divinité, né en ces derniers jours, pour nous et pour notre salut, de la Vierge Marie selon l'humanité, consubstantiel au Père selon la divinité, consubstantiel à nous selon l'humanité. Car de deux natures l'union s'est faite. C'est pourquoi nous affirmons un Christ, un Fils, un Seigneur. En raison de cette union sans confusion, nous confessons la Sainte Vierge Mère de Dieu, parce que le Dieu Verbe s'est incarné et s'est fait homme, et que, dès l'instant de sa conception, il s'est uni le temple qu'il avait pris d'elle ».

C'est ainsi que la tradition chrétienne donna à Marie le titre de *Théotokos* : « Mère de Dieu ». Elle le fit à Éphèse, ville où, selon la tradition, Marie suivit l'apôtre Jean. Éphèse, ville chère au cœur de saint Paul, ville grecque où était vénérée dans un temple immense la déesse païenne Artémis. C'est là que la

Providence voulut faire triompher Marie, Mère de Dieu.

On raconte que l'enthousiasme fut immense à la fin de ce concile. Un document d'ailleurs l'atteste. Il s'agit du texte d'une homélie prononcée à cette occasion, d'un auteur inconnu, et qui reste comme le plus grand texte marial de l'antiquité chrétienne :

« Je vois cette joyeuse assemblée de saints évêques qui à l'invitation de la Sainte Mère de Dieu, Marie toujours vierge, se sont rassemblés ici dans l'enthousiasme.

Nous te saluons donc, Sainte Trinité mystérieuse, qui nous as tous convoqués dans cette église de Sainte Marie Mère de Dieu.

Nous te saluons, Marie, Mère de Dieu, trésor sacré de tout l'univers, astre sans déclin, couronne de la virginité, sceptre de la foi orthodoxe, temple indestructible, demeure de l'incommensurable, Mère et Vierge, à cause de qui est appelé béni, dans les saints évangiles, celui qui vient au nom du Seigneur.

Nous te saluons, toi qui as contenu dans ton sein virginal celui que les cieux ne peuvent contenir ; toi par qui la Trinité est glorifiée et adorée sur toute la terre ; par qui le ciel exulte ; par qui les anges et les archanges sont dans la joic ; par qui les démons sont mis en déroute ; par qui le tentateur est tombé du ciel ; par qui la créature déchue est élevée au ciel ; par qui le monde entier, captif de l'idolâtrie, est parvenu à la connaissance de la vérité ; par qui le saint baptême est accordé à ceux qui croient, avec l'huile d'allégresse ; par qui, sur toute la terre, les Églises sont fondées : par qui les nations païennes sont amenées à la conversion »[2].

On peut dire que toute la littérature mariale s'origine dans cette homélie prononcée à Éphèse.

[2]Homélie prononcée au concile d'Ephèse. LJ, pp.1510-1511

Prie pour nous, pauvres pêcheurs

Après avoir solennellement invoqué Marie comme « Sainte » et « Mère de Dieu », notre prière lui demande sa protection : « prie pour nous, pauvres pécheurs ».

La première chose à remarquer ici est la sobriété de la demande ; comme si notre prière se voulait toute en retenue. Que pourrions-nous demander à Marie en effet sans faire de l'ombre à la prière que nous a laissé le Seigneur lui-même ? Si dans le Notre-Père les demandes sont précises – donne-nous notre pain, pardonne-nous, ne nous soumet pas à la tentation, délivre-nous du mal – selon l'école de prière donnée par Jésus lui-même, la demande de la prière mariale n'est pas explicitée. En fait, la seule demande que nous lui adressons c'est d'être pour nous une médiatrice. Dans une grande confiance maternelle nous savons que la Vierge ne pourra demander à Dieu que le meilleur pour nous même.

Ce rôle de Marie a en quelque sorte été inauguré à Cana : « Le troisième jour, il y eu des noces à Cana de Galilée, et la mère de Jésus y était. Jésus aussi fut invité à ces noces, ainsi que ses disciples. Et ils n'avaient plus de vin, car le vin des noces était épuisé. La mère de Jésus lui dit : Ils n'ont plus de vin. Jésus lui dit : Que me veux-tu, femmes ? Mon heure n'est pas encore venue. Sa mère dit aux servants : Tout ce qu'il vous dira, faites-le. »[1]

Marie se situe résolument entre les convives de cette noce et Jésus. C'est « le troisième jour » dit Jean. Troisième jour, jour de la résurrection comme si ces noces préfiguraient le banquet messianique dans le Royaume. Jean commence par dire que Marie était présente. Ce n'est qu'ensuite qu'il note que Jésus aussi était invité comme si Marie avait le premier rôle dans cette séquence qui inaugure la vie publique de Jésus. D'une

[1]Jn. 2,1-12

certaine manière Marie a en effet le premier rôle dans ce récit où elle met symboliquement au monde Celui qui va faire là son premier signe.

Avez-vous remarqué que personne ne demande rien à Marie ? Personne ne vient se plaindre, personne ne vient lui dire d'intervenir d'une quelconque manière. C'est elle seule qui constate ce qui se passe : le vin est épuisé. C'est elle seule qui se tourne vers Jésus pour le mettre au courant du problème. C'est elle seule qui recommande aux servants d'exécuter l'ordre que leur donnera Jésus.

« Prie pour nous ». A l'exemple de ce qui s'est passé à Cana, nous n'avons pas besoin d'expliquer longuement nos problèmes à Marie ou de faire des listes de demandes. Au milieu des disciples du Christ, Marie voit se qui se passe. Elle est la première dans sa sollicitude maternelle à déposer aux pieds de son Fils ce qui ne va pas dans nos vies, à demander à son Fils ce qui est bon pour nous : « Ils n'ont plus de vin ». Dans son intercession pour nous, Marie fait entière confiance.

Le Concile va dire que Marie est « mère pour nous dans le domaine de la grâce »[2]. Au pied de la croix, Marie reçoit en effet de son fils une nouvelle mission : « Femme, voici ton fils »[3]. Devenu mère de Jésus dans le mystère de l'Annonciation, Marie devient mère des hommes dans le mystère de la croix. « Cette maternité de Marie dans l'économie de la grâce se continue … jusqu'à la consommation éternelle de tous les élus … Dans sa charité maternelle, elle veille avec soin sur les frères de son Fils qui sont encore en chemin et qui sont en proie aux dangers et aux angoisses, jusqu'à ce qu'ils parviennent à la patrie bienheureuse. C'est pourquoi la Bienheureuse Vierge est invoquée dans l'Église sous le titre d'Avocate, de Secours, d'Auxiliatrice, de Médiatrice»[4].

Dans le mystère de l'Église, les noces de Cana sont éternelles. Aujourd'hui encore

---

[2]*Lumen gentium* , chap. 8 § 61
[3]Jn. 19,26
[4]*Lumen Gentium*, chap. 8, § 62

Marie offre sa médiation entre les hommes et son Fils. Elle participe, dans l'obéissance de la foi, à la mission de son Fils qui seul nous donne le salut.

Dans les *Actes des Apôtres*, Luc nous présente l'Église : « Tous, d'un même cœur, étaient assidus à la prière avec quelques femmes, dont Marie, Mère de Jésus »[5]. Aujourd'hui encore, Marie est au milieu des disciples à la fois dans la position de l'orante et dans la position de la Mère qui présente son Fils. Double rôle de Marie : elle présente les hommes à Dieu, elle présente Dieu aux hommes.

Dans une homélie sur la Dormition, saint Germain de Constantinople (+730) dit ceci en s'adressant à la Vierge : « Vous qui jouissez sur Dieu d'une autorité maternelle, vous obtenez la grâce excellente du pardon même à ceux qui commettent des péchés énormes. Vous ne pouvez pas ne pas être exaucée, car Dieu condescend en toutes choses et par toutes

---

[5] Act. 1,14

choses aux volontés de sa vraie et très pure Mère ».

Maintenant et à l'heure de notre mort

Ce « maintenant » a une grande importance dans notre vie spirituelle. Nous vivons souvent dans l'illusion d'un passé ou d'un avenir. Sentiment que notre vie est derrière nous pour différentes raisons : l'âge, la carrière professionnelle, la vie familiale …et qu'il en va de même pour notre vie avec le Christ. Comme si nous pouvions vivre sur un capital spirituel tout le reste de notre vie ! Mais c'est aussi quelquefois le rêve illusoire inverse, que le commencement de notre vie est toujours à venir. Cette illusion est vraie à certaines époques de notre vie quand tout est à construire, mais elle risque d'être une fuite en avant perpétuelle pour nous évader de la réalité ou pour nous bercer d'illusions.

Notre Dieu est un Dieu du « maintenant ». Il ne nous invite pas à vivre dans le souvenir d'un temps révolu, pas plus que dans le rêve d'un avenir hypothétique. Non, il est le Dieu de « l'aujourd'hui ». Le plus bel exemple nous est donné dans la rencontre de Jésus avec Zachée : « Descends vite, car il me faut aujourd'hui demeurer chez toi »[1]. Même si nous n'avons aucune qualité athlétique pour grimper aux arbres, cette parole de Jésus vaut pour nous. Notre vie à la suite du Christ est un aujourd'hui permanent. Dans la vie spirituelle, il n'existe pas de jour *off*, où ce choix de vie serait optionnel. Un jour avec le Christ, un autre sans lui ! Même si nous sommes quelquefois tentés de raisonner ainsi… Mais nous sommes là justement dans le domaine de la tentation...

C'est bien chaque jour que le Christ vient frapper à notre porte, parce que l'amour est de toujours à toujours. Il a donné sa vie pour nous une fois pour toutes, il nous donne son amour sans aucune réserve. Alors, que faisons-nous en réponse à cet amour du Christ ? Trouve-t-il une demeure en nous pour vivre en nous de son amour ? C'est chaque jour qu'il nous faut nous convertir au Christ. La liturgie, qui est

[1]Lc. 19,5

une merveilleuse pédagogue, nous le rappelle chaque matin par le chant du psaume 94 : « Venez, crions de joie pour le Seigneur, acclamons notre rocher, notre salut ! … Oui, il est notre Dieu … Aujourd'hui écouterez-vous sa parole ? »[2]

Nous savons tous que nous sommes fragiles sur ce chemin à la suite du Christ, sur ce chemin de conversion qui consiste à écouter et à accueillir sa parole. Et devant ce « chantier » permanent, nous sommes heureux de pouvoir compter sur une aide précieuse : la prière de Marie. En nous tournant vers elle et dans la confiance, nous lui disons : « Prie pour nous, maintenant ». Elle a toujours été obéissante à cette parole et elle ne cesse de nous dire comme à Cana : « Faites tout ce qu'il vous dira ». Demander sa prière c'est en appeler à sa sollicitude maternelle, à son intercession. Modèle de foi, elle a su accueillir l'Esprit pour devenir demeure du Verbe de Dieu. Par elle, nous demandons à l'Esprit Saint de nous donner la force d'ouvrir notre cœur pour

[2]Ps 94, 1.7

devenir porteur de cette parole et nous laisser modeler par elle.

Cette proximité avec Marie et cette confiance dans la prière vaut pour chaque jour de notre vie et *a fortiori* dans les derniers instants. Comment Marie, qui ne cesse d'intercéder pour nous, pourrait-elle être absente au moment de notre mort ? Sur une des portes de la basilique Sainte Marie Majeure à Rome, se trouve une représentation du Christ en gloire avec Marie à ses côtés. Le Christ les bras ouverts accueille les élus ; Marie a les mains ouvertes sur son cœur et semble rayonner de joie en voyant arriver cette foule innombrable.

Sur un lit d'agonie ou dans l'accompagnement d'une personne qui va vivre son « passage » à la suite du Christ mort et ressuscité, cette prière « à l'heure de notre mort » est souvent la seule possible. Elle est à la fois expression de foi et prière confiante par l'intercession de la Vierge Marie à la miséricorde du Seigneur.

Que la grâce de Dieu nous donne la force de mettre jusqu'au bout sur nos lèvres cette prière afin d'entrer dans la paix et avec un cœur confiant dans la joie de Dieu.

Merci

Merci Marie

Sur la ligne de crête de la colline de Fourvière sont inscrits en lettres de feu, pendant les longues et froides nuits de décembre, ces mots : « Merci Marie ».

Formule de politesse qui peut sembler puérile pour certains, sans grande signification pour les autres.

Et pourtant, à revisiter l'histoire du salut, cette formule trouve son sens dans sa pauvreté, dans son humilité même.

MERCI MARIE, pour avoir été choisie par Dieu afin de rendre possible l'accomplissement de la promesse : « Une vierge concevra... ».

MERCI MARIE, pour cette rencontre et ce dialogue avec l'ange Gabriel dont les mots auraient pu te faire fuir au loin, effrayée par ce qui t'était demandé, dialogue qui se conclut par ces mots, par tes mots : « Je suis la servante du Seigneur ».

MERCI MARIE, pour cette visite à ta cousine Elisabeth qui va reconnaître dans le tressaillement de l'enfant qu'elle porte et dans l'illumination de l'Esprit que tu es « la Mère de mon Seigneur ».

MERCI MARIE, pour ton chant de louange : « Mon âme exalte le Seigneur », qui est devenu chaque jour le chant de l'Église quand tombe le soir.

MERCI MARIE, pour cet enfant que tu mets au monde et que tu vas donner au monde pour qu'il soit son Sauveur.

MERCI MARIE, pour ton intercession maternelle aux noces de Cana, intercession de chaque jour encore aujourd'hui, toi Notre Dame de toute Miséricorde.

MERCI MARIE, pour ta présence au pied de la croix où le Christ te donne à nous comme Mère.

MERCI MARIE, ravagée de douleurs quand tu reçois sur ton sein le corps sans vie de ton Fils et que tu l'offres dans la nuit de la foi au Père.

MERCI MARIE, pour avoir été au milieu des disciples au jour de Pentecôte quand l'Esprit est répandu, toi la Mère de l'Église.

MERCI MARIE, couronnée de gloire : le soleil t'enveloppe, la lune est sous tes pieds et douze étoiles couronnent ta tête.

Dans la même collection, découvrez…

Marie m'a bien aimé

Louis-Marie Ariño-Durand o.p.

Pense-t-on assez à la Vierge Marie ? Il est vrai qu'elle est si discrète…
Par l'Écriture, la liturgie, des rencontres, des anecdotes, le père Ariño-Durand propose de suivre la Mère du bel Amour sur le chemin d'une vie chrétienne joyeuse, simple et rayonnante.

200 pages, 12€

Le Christ, ma vie

Loïc-Marie Le Bot o.p.

Ne cherchons pas d'autre but que de faire ensemble quelques pas sur la route qu'a empruntée le Seigneur Jésus lui-même. Ce cri de saint Paul aux Philippiens : « Ma vie, c'est le Christ » sera relayé par l'événement de la Transfiguration qui nous éclairera de sa lumière.
En chemin, nous croiserons la Vierge-Marie, les apôtres et les saints qui nous montreront comme pour eux la vie fut le Christ.

128 pages, 10€

Heureux les jeunes de cœur

Yves Combeau o.p.

« La jeunesse est l'âge ignoré de la spiritualité chrétienne. Je parle de nos 15 et de nos 20 ans. Je parle de l'adolescence.
Pourtant sainte Bernadette avait 14 ans au moment des apparitions ; et Jésus notre Seigneur lui aussi a eu 15 ans.
Il est de nombreuses voies pour avancer dans la vie chrétienne. La jeunesse du cœur n'est pas la seule. Mais les jeunes pourraient bien provoquer, stimuler, réveiller, rafraîchir notre foi.
Un instant, acceptons-les comme nos maîtres spirituels. »

116 pages, 10€

Transmettre la foi aux jeunes

Yves Combeau o.p.

Ce petit livre est votre compagnon dans votre aventure d'apôtre auprès des adolescents. L'espèce la plus rebelle, la plus remuante, la plus compliquée et la plus attachante qui soit.
Il veut vous prendre la main et vous dire : « Allez-y. *N'ayez pas peur.* Votre mission portera fruit. Aujourd'hui. Demain. Après vous. Mais allez-y ! Et leur joie sera votre joie. »
Avec humour et gravité, ce guide est le *vademecum* tant attendu par les parents, les grands-parents, les éducateurs, tous ceux essayent de transmettre le trésor d'une foi exigeante à des adolescents apparemment imperméables.

118 pages, 10€

Retrouvez notre actualité sur

www.editionsdelalicorne.com

Achevé d'imprimer en mai 2015
sur les presses de MG Imprimerie
F-84210 Pernes-les-Fontaines